Gotas de
LUZ

Francisco Cândido Xavier

Gotas de LUZ

PELO ESPÍRITO
CASIMIRO CUNHA

FEB

9ª edição – 3ª impressão – 2,5 mil exemplares – 4/2016

ISBN 978-85-7328-325-9

FEDERAÇÃO ESPÍRITA BRASILEIRA – FEB
Av. L2 Norte – Q. 603 – Conjunto F (SGAN)
70830-106 – Brasília (DF) – Brasil
www.febeditora.com.br
editorial@febnet.org.br
+55 61 2101 6198

Pedidos de livros à FEB
Gerência comercial
Tel.: (61) 2101 6168/6177 - comercialfeb@febnet.org.br

Texto revisado conforme o Novo Acordo Ortográfico.

Dados Internacionais de Catalogação na Publicação (CIP)
(Federação Espírita Brasileira – Biblioteca de Obras Raras)

C972g Cunha, Casimiro (Espírito)
Gotas de luz / pelo Espírito Casimiro Cunha; [psicografado por] Francisco Cândido Xavier. – 9. ed. – 3. imp. – Brasília: FEB, 2016.

99 p.; 21 cm

ISBN 978-85-7328-325-9

1. Poesia espírita. 2. Obras psicografadas I. Xavier, Francisco Cândido, 1910–2002. II. Federação Espírita Brasileira. II. Título.

CDD 133.93
CDU 133.7
CDE 80.04.00

Sumário

Um pássaro espiritual

CONHECEMOS VELHO AMIGO QUE, em certo período de provação, não vacilou em sacar do bolso arma mortífera, instigado por insidiosa calúnia, com a intenção de eliminar antigo companheiro, mas, quando se dispunha a penetrar a casa, com o escuro propósito que lhe envenenava o coração, eis que pequerrucho canário começou a cantar em árvore próxima.

Havia tamanha beleza na melodia desconhecida que o quase delinquente sustou o ato tresloucado e passou a refletir...

Aquele cântico sem palavras não seria uma advertência divina?

Deus, que mergulhara a alma do pássaro em harmonia celeste, não saberia exercer a justiça que ele, pobre homem imperfeito e amargurado, pretendia executar com as próprias mãos?

Considerou, portanto, mais aconselhável esperar.

E, enquanto aguardava a cessação do hino comovente, algo surgiu, de improviso, dissipando a densa nuvem de indébitas preocupações que lhe amortalhavam o espírito.

A paz voltou a felicitar-lhe o íntimo, dantes atormentado, e, em lágrimas, agradeceu ao Senhor que o salvara de lamentável desastre, por intermédio de um passarinho.

Lembramo-nos do incidente, lendo os versos que Casimiro Cunha enfileirou neste livro. Por meio de quadras simples, o nosso irmão faz brotar, do solo de sua alma fraterna, verdadeira fonte de amor, em gotas de luz, exaltando a Divina Bondade e as virtudes cristãs que podem erguer-nos à Espiritualidade santificante.

Ave da Altura, acordando-nos para a glória imortal do bem eterno, quantos de nós, escutando-lhe o poema de ternura e sabedoria, poderemos interromper as ligações com a sombra?

Consagremos ao mensageiro do Evangelho alguns minutos de leitura e reflexão e, de certo, compreender-lhe-ão a sublime e musicada mensagem quantos tiverem *ouvidos de ouvir*.

EMMANUEL

Pedro Leopoldo (MG), 1º de janeiro de 1953.

1

O divino convite

"Vinde a mim, vós que sofreis!..." —
E a palavra do Senhor,
Tocando nações e leis,
Ressoa, cheia de amor.

Herdeiros tristes da cruz,
Que seguis de alma ferida,
Encontrareis em Jesus
Caminho, Verdade e Vida.

Famintos de paz e abrigo,
Que lutais no mundo incréu,
Achareis no Eterno Amigo
O pão que desceu do Céu.

Almas sedentas de pouso,
Que à sombra chorais cativas,
Tereis no Mestre amoroso
A fonte das águas vivas.

Vinde, irmãos, a Jesus Cristo,
O Guia que nos conduz!
Vosso caso está previsto
Em suas lições de Luz.

2

Equações

Quem presta só para si,
Preso ao que mais lhe convém,
Nunca tem utilidade,
Nem serve para ninguém.

Sê sincero sem rudeza,
Calmo, simples, ponderado.
Quem vive enganando os outros
Caminha sempre enganado.

Colabora sem perguntas,
Com carinho diligente.
Auxilia duas vezes
Quem ajuda prontamente.

Conserva em qualquer desastre
A força de tua fé.
As folhas morrem ao vento,
Os troncos morrem de pé.

No dom de fazer o bem,
Que a presteza te resguarde.
A boa intenção que dorme
Sempre acorda muito tarde.

Contempla os milhões de sóis
Da Grandeza Universal,
Mas não te esqueças no mundo
Da terra de teu quintal.

Serás feliz se a bondade
A tua vida coroa.
Quem mais ajuda, mais sabe,
Quem mais sabe, mais perdoa.

Se cultivas por princípio
Caridade e retidão,
És devoto afortunado
Na igreja da salvação.

Nas lides religiosas,
Ao sol da fé que te abrasa,
Não olvides que a lição
Começa de tua casa.

Faze o bem aqui e agora...
Socorre a dor que vem perto.
Amanhã, tudo é possível,
Mas hoje tudo é mais certo.

3

De toda a parte

Lisonja é moeda falsa
Cunhada pela ilusão
Que a nossa própria vaidade
Coloca em circulação.

Virtude eleita e sublime
Que em solidão se consome
É diamante belo e frio
Que não nos sacia a fome.

A fama é tuba comprida
De curto discernimento
Que toca mais à fortuna
Que ao justo merecimento.

Evita a bajulação
Que te aparece na estrada.
A língua do adulador
É qual lâmina de espada.

O sábio corrige em si,
Na luta em que se rodeia,
Aquilo que o desagrada
No campo da vida alheia.

Ajuda com diligência,
Sem condições e sem ágio.
O auxílio tardo é socorro.
Que vem depois do naufrágio.

A coragem da justiça
Tem gritos de tempestade,
Mas perdão e paciência
São as forças da humildade.

Uma palavra que emende,
Uma palavra que corte...
Uma pode dar a vida,
Outra pode dar a morte.

Dinheiro, poder, conforto,
Nadando em vida insegura,
São tormentos da riqueza
Sobre o trono da fartura.

Se desejas luz e paz
Na aflição que te aniquila,
Procura contigo mesmo
A consciência tranquila.

4

Entendamos

Meu amigo, se procuras
A glória da redenção,
Acende a luz do Evangelho
No templo do coração.

Faze forte claridade
No imo do próprio ser.
Quem não consegue enxergar
Não pode compreender.

Nessa bênção luminosa
Passaremos a encontrar
Cada homem no seu plano,
Cada coisa em seu lugar.

A experiência, na Terra,
Transcorrerá sem contenda,
Vencerás com desassombro,
Sem que a maldade te ofenda.

De espírito iluminado
Ao santo clarão do amor,
Ninguém te será tropeço
Na senda para o Senhor.

Contemplarás nos ingratos,
Da jornada transitória,
Pessoas que adoeceram
Da visão e da memória.

Nos companheiros em treva,
Rixosos, duros, irados,
Veremos nossos irmãos
De nervos esfacelados.

Nas línguas blasfemadoras
Encontrarás, muita vez,
A ignorância infeliz,
O frio, a fome, a nudez...

Notarás, buscando o Mestre,
Nas pedras do campo hostil,
Nos vícios e nos pecados,
Moléstias e sombras mil.

Busquemos, pois, com Jesus,
O entendimento maior,
A fim de vencer, brilhando,
Nas lutas em derredor.

5

Centelhas

Se buscas nobre caminho
Que ao Senhor não desagrade.
Recorda que a paz reclama
Serviço e fraternidade.

Quem deseja ser feliz
Acende a luz da esperança,
Ocupa lugar pequeno
E tenta pouca mudança.

Estende a bondade a todos.
O bem é a glória da vida.
Enfermeiro sem cuidado
Alarga qualquer ferida.

Quem luta para viver
Vai mais longe, calmo e forte...
Quem vive para lutar
Mais cedo recebe a morte.

Cultiva nos teus lazeres
Pensamento nobre e ativo.
Todo ócio sem estudo
É sepulcro do homem vivo.

Trabalha, atendendo alegre
Aos planos de maior vulto.
Recorda que a paciência
É sempre um tesouro oculto.

Não aplaudas, nem procures
O coração desatento
Que gasta dinheiro e sangue,
Comprando arrependimento.

Se pretendes, cada dia,
Servir, prover e acertar,
Medita devagarinho
E apressa-te a executar.

No ciúme envenenado,
Escuro e destruidor,
Há sempre muito amor-próprio
E pouca expressão de amor.

Respira ao sol do Evangelho,
Sereno, ditoso e crente.
Sem Jesus, o homem não passa
De animal inteligente.

6

Rifões

Procura a paz do equilíbrio,
No combate em que te elevas.
A calma da indiferença
É sono abismal nas trevas.

Gasta o teu dia, estendendo
Trabalho nobre e seguro.
Quem perde tempo em repouso
Compra mágoas ao futuro.

Foge às pedras da ironia
A que a maldade se encosta.
Quando há sarcasmo excessivo,
O assunto não tem resposta.

Aprende a orvalhar de luz
O afeto de teu caminho.
Se queres amar a rosa,
Não lhe condenes o espinho.

Na defesa da saúde,
Usa a prudência e a bondade.
Por vezes, mudar de médico
É mudar de enfermidade.

A pretexto de cautela,
Não te entregues à secura.
Na capa da previdência,
Há muita garra de usura.

Se vives com teus amigos,
Investigando, indagando...
Receberás, às carradas,
Mentiras de quando em quando.

7

Culto doméstico

Quando o culto do Evangelho
Brilha no centro do lar,
A luta de cada dia
Começa a santificar.

Onde a língua tresloucada
Dilacera e calunia,
Brotam flores luminosas
De sacrossanta alegria.

No lugar em que a mentira
Faz guerra de incompreensão,
A verdade estabelece
O império do amor cristão.

Onde a ira ruge e morde,
Qual rude e invisível fera,
Surge o silêncio amoroso
Que entende, respeita e espera.

A mente dos aprendizes
Bebe luz, em pleno ar.
Todos disputam contentes
A glória de auxiliar.

À bênção do culto aberto,
Na divina diretriz,
Conversa Jesus com todos
E a casa vive feliz.

Quem traz a igreja consigo,
Combatendo a treva e o mal,
Encontra a porta sublime
Do Reino celestial.

8

Temas

Se desejas algum dia
A luz divina alcançar,
Atende ao bem, sem repouso,
Sem nunca desanimar.

Evita a maledicência
Que medonhos crimes tece,
Onde muita gente cospe
A lama cedo aparece.

Sofre com calma. O relógio,
Conforme a Sabedoria,
Caminha da meia-noite
No rumo do meio-dia.

A glória na Terra, às vezes,
É um monstro que vive só,
De garras em sangue e cinza,
Mascando veneno e pó.

Nunca deites ferro em brasa
Nas chagas de teu irmão.
Ninguém morre sem feridas
Nos sonhos do coração.

Quem reparte com fartura
Auxílio, paz e alegria,
Encontra para si mesmo
A graça da simpatia.

Faze o bem, cerrando os olhos...
Ajuda sem ver a quem.
Se enxergas o mal do mundo,
O mundo não vê teu bem.

Não te lamentes na luta.
Trabalha contra a preguiça.
A queixa de todo instante
É plantação de injustiça.

A razão sem a coragem
É pobre luz sem alento.
A coragem sem razão
É simples atrevimento.

Entre as forças corretivas
Que educam a Humanidade,
Há duas mestras maiores —
A dor e a necessidade.

9

Lembretes

Respeito firme e bom nome
Na Terra sempre granjeia
Quem cuida da própria vida,
Sem julgar a vida alheia.

Corrigendas incessantes,
Contínua severidade,
Gritarias por sistema,
São perdas de autoridade.

Por sedas e por baixelas
Não provoques inimigos.
Há muita joia enterrada
No triste pó dos jazigos.

Na comunhão com parentes
Não te habitues a gritar.
A bênção da gentileza
É a caridade no lar.

Quem cria gasta vibrando
Sangue, suor, coração...
Quem critica só despende
Brilhante conversação.

Guarde a ordem mais cautela
No zelo com que se atiça.
Muito rigor no direito
É prática de injustiça.

Controla teus sentimentos,
Sustenta a serenidade.
Pessoa de maus impulsos
É uma fera em liberdade.

A caridade real,
Que nasce do coração,
Desconhece totalmente
As pedras da ingratidão.

Para indicar o defeito,
Para enxergar a má parte,
Toda a gente neste mundo
Tem sempre bom gosto e arte.

Homem com pressa no bem,
Cujo passo não recua,
Não consegue reparar
O cão que ladra na rua.

10

Entre nós

Coração que não se abre
À sementeira do amor
Não guarda com segurança
A luz do Consolador.

Muita leitura sem obras
De ensino e consolação
Traz a flor parasitária
Da inútil conversação.

Desalento choramingas,
Em pranto sempre a correr,
Expressa, frequentemente,
Muito serviço a fazer.

Comentários contra ingratos,
Verbo amargoso e violento,
São tristes revelações
No anseio de isolamento.

Discursos sem caridade
— Fraternidade sem portas —
Tribunas que não amparam
São sinais de fontes mortas.

Fadiga de todo instante,
Chorosa, escura e cediça,
Traduz, sem contestação,
Fragilidade e preguiça.

Cabeça muito ilustrada,
Sobre a vida em calmaria,
É urna lavrada em ouro,
Muito nobre, mas vazia.

Entusiasmo eloquente,
Sem atos de amor cristão,
É fogo de palha seca
Em bolhas de água e sabão.

Sublime conhecimento,
Distanciado do bem,
É tesouro enferrujado
Que não ajuda a ninguém.

Banquetes da inteligência,
Sem Jesus suprindo a mesa,
São brilhos da força bruta
Em pedras da Natureza.

11

Grãos da verdade

Se pretendes grande prêmio,
Bela vida e boa fama,
Não te faças tagarela,
Nem te demores na cama.

Suporta com paciência
As dores de teu roteiro.
Mais vale a senda espinhosa
Que as mãos de mau companheiro.

Dois dardos arremessamos,
Lacerando o coração:
O insulto que sai da boca
E a pedra que sai da mão.

Não publiques teu desgosto
Por mais humilde e singelo.
Quando o touro cai na praça
Alguém afia o cutelo.

Cultiva o silêncio amigo.
O tolo que cerra os lábios
Pode ser admitido
Como sábio entre os mais sábios.

Se procuras a alegria,
Sonhando dias serenos,
Pensa muito na jornada,
Fala pouco e escreve menos.

No serviço construtivo,
Guarda a vida bem segura.
Meio palmo de preguiça
Traz dez léguas de amargura.

Quem adota por sistema
Cerimônia e condição,
Começa gozando a paz
E acaba na solidão.

Haja pranto na bigorna,
Haja aspereza no malho,
Ergue o corpo cada dia
Para a bênção do trabalho.

De opiniões tresloucadas
Não te percas ao sussurro.
O burro que vai a Roma
Segue asno e volta burro.

A caridade cortês,
Desconhecida no céu,
Costuma esconder a bolsa
E arregaçar o chapéu.

Quem foge à paz e à bondade
Semeia discórdia e treva.
Toda obra sem amor
É folha que o vento leva.

12

Máximas

Não fujas ao teu dever
Se queres ser respeitado.
Para quem é preguiçoso
Todo dia é feriado.

Quando o Céu procura um homem
Que deseja conhecer
Manda que o mundo lhe empreste
Dinheiro, fama ou poder.

Há muita gente que sobe,
Descendo ao remorso e à dor...
E há muita gente que desce,
Subindo à glória do amor.

Não olvides, se descansas
No jardim do galanteio,
Que todo sapato lindo
Acaba em chinelo feio.

O rico que serve a todos,
Mostrando amor e humildade,
Desde à carne enganadora
Penetra na santidade.

Agradeçamos ao mundo
O cálix de angústia e fel.
O mármore se aprimora
A beliscões de cinzel.

Não critiques, nem destaques
As faltas de teu irmão.
O tempo trará teu dia
De luta e de tentação.

Põe o serviço em teus braços,
Põe a bondade em teus olhos...
E terás por toda parte
Um roseiral sem abrolhos.

Toda moeda que ajuda
Bons e maus, crentes e incréus,
É caridade sublime
Que sobe da Terra aos Céus...

Se pretendes o caminho
Da vida que aperfeiçoa,
Trabalha, incessantemente,
Aprende, serve e perdoa.

13

Anexins de sempre

A cabeça ambiciosa
Que vive votada ao mal
Escreve o favor na areia
E grava a ofensa em metal.

Quem teme cobra e lagarto,
Quem passarinhos receia,
Perde a vida sem combate,
Não prepara, nem semeia.

Aprende a ver e lembrar!...
No curso de toda a história,
O soberbo perde a vista,
O ingrato perde a memória.

Da ternura doce e branda,
Sê devoto, não escravo...
Eu bonzinho, tu bonzinho,
Quem educa o burro bravo?

No mesmo tronco onde a abelha
Retira fortuna e mel,
A aranha escura e disforme
Faz morte, peçonha e fel.

Cultiva a lei do equilíbrio
Que nos ajuda e contenta,
Se o necessário deleita,
O excesso fere e atormenta.

Do verbo usado no mundo,
Nasce a guerra, nasce a paz.
Com palavras edificas,
Com palavras matarás.

Guarda sempre em teu trabalho
Silêncio e ponderação...
Quando a praça parlamenta,
É hora de rendição.

Cumprindo a Vontade Eterna,
Sê pronto, leal e breve.
Quem faz tudo o que deseja
Nem sempre faz quanto deve.

Não te revoltes se a Terra
Nega-te acesso ao jardim...
Há números de começo,
Não há número de fim.

14

Conclusões populares

Faze tu, quanto te caiba,
Com teus cuidados cristãos!
O olho fiel do dono
É mais ágil que cem mãos.

Quem fala pouco na estrada
Evita muita contenda.
Prende agora a tua língua
Se não queres que te prenda.

Perdoa e auxilia sempre...
Quem ofensas muito apura
Não tem a calma precisa,
Nem tem a vida segura.

Aos homens sem Jesus Cristo
Não mostres, perdendo a calma,
Nem o fundo de teu bolso,
Nem o fundo de tua alma.

Se desejas grandes luzes,
Não sejas aflito e louco.
Em nenhum lugar da vida,
O que é muito custa pouco.

15

Postais

No esforço de vigilância,
Não dispenses a energia,
Onde o lobo acha um cordeiro,
Volta, forte, no outro dia.

Há jornalistas no mundo
De ideias e bolsas fartas,
Que, embora vivam de folhas,
Fazem menos que as lagartas.

Às casas ricas e nobres
Irás por requerimento,
Mas do ninho dos aflitos
Não aguardes chamamento.

Tem calma nas provações,
Por mais duras, por mais graves...
Chega o dia em que os leões
São simples manjar das aves.

Espírito prevenido
No mal contínuo e revel
Faz ver cobras onde há pombos,
Veneno e lodo onde há mel.

Cautela no coração!
O mal que chega às braçadas,
Depois da devastação
Vai saindo às polegadas.

Enche os teus dias no mundo
Com júbilos do dever,
Há sempre angústia e saudade
No instante do entardecer...

Trata os irmãos atacados
Da cólera e irritação,
A compressas de silêncio
E bálsamos de oração.

Deveres muitos no bem?
Não guardes mágoa e receio...
O pouco é suficiente
Quando Deus está no meio.

16

Grãos de luz

Usa palavras amigas
Nascidas do afeto irmão.
O verbo que reconforta
É bálsamo ao coração.

Acende a luz no bom tempo!
Afirma a sabedoria
Que o sol claro da manhã
Não durará todo o dia.

Nunca te deixes levar
Somente pelos ouvidos;
Enquanto o boi sua e sofre,
O carro espalha gemidos.

Pessoa muito importante
É qual estrela mui rara
Que refulge para todos
Mas não descansa nem para.

As forças da discussão
E o tempo gasto em contenda
Só podem trazer vantagem
Com pessoa que te entenda.

Onde o gosto e a fantasia
São maiores que o proveito,
Apresenta as despedidas,
Dando o trato por desfeito.

Que não te espante a aspereza
Do espírito envenenado;
Quem bebe cicuta e fel
Não pode cuspir melado.

Alma nobre é como nuvem,
Sem ponto de vista algum,
Recebendo benefícios
Para dar ao bem comum.

Que teus gozos e alegrias
Sejam simples e frugais;
O pouco vive contente,
O muito quer sempre mais.

Embora algemado à carne,
Eleva-te aos altos níveis...
O mundo faz vencedores,
Mas Jesus faz invencíveis.

17

Notas

A verdade é alguma coisa
Sagrada, bela e infinita...
Só o amor sabe dizê-la
Conforme deve ser dita.

Se queres luzes mais altas,
Mais ditosas e mais ricas,
Olvida o mal que te fazem
E esquece o bem que praticas.

Reúnem-se os generais
Na guerra, em busca da glória,
Mas o Todo-Poderoso
É quem decide a vitória.

Quem só palavras semeia,
No campo de cada dia,
Recolherá simplesmente
O sopro da ventania.

O homem que se aborrece
Clamando fastio, a esmo,
Encontrou tempo excessivo
Para cuidar de si mesmo.

Não é a erva daninha
Que mata o grão promissor,
Mas a triste negligência
Que mora no lavrador.

Amizades e conselhos,
Livros, remédio e comida
Devem chegar até nós
De procedência escolhida.

Quem se compraz com a lisonja
Desce a escuro sorvedouro,
Bebendo o veneno e a morte
Em taças de mel e ouro.

Competência e fidalguia,
Miséria e desolação —
Todas dependem na vida
Do toque da educação.

Quem para justificar-se
Alheias faltas reclama,
Decerto, pensa lavar-se
Em banhos de lodo e lama.

18

Migalhas

Quem vive nas discussões,
Atendendo uma por uma,
Muita vez passa na Terra
Sem acender luz alguma.

Navio grande prossiga
Ao mar alto, em desconforto...
Mas navio pequenino
Navegue perto do porto.

Onde toda a gente manda
Sem que ninguém obedeça,
As obras podem ser grandes
Mas sem pés e sem cabeça.

Não desatendas no mundo
À Grande Sabedoria.
O homem faz almanaques
Mas só Deus governa o dia.

Esperas pela bondade
Que flui da divina aurora?
Começa por ser bondoso
Hoje mesmo, aqui, agora!...

Aprende a ouvir a verdade
Serena, elevada e pura.
Muito raro é o bom conselho
Sem ressaibos de amargura.

Doentes e prisioneiros
Que o sofrimento congela
Encontram dificilmente
Pessoas da parentela.

Entre amar e benquerer
Há muitas léguas que andar.
Sanguessuga também sente
O benquerer de sugar.

Quando o céu é todo azul
Muita gente dá lições,
Mas, chegando a tempestade,
Dá gritos e acusações.

Não zombes do irmão que sofre
Amargurado e ferido;
Entre as sombras do amanhã,
Teu dia é desconhecido.

19

Notas rimadas

As bolotas de carvalho
Produzem copas divinas.
Atende ao dever miúdo,
Olha as coisas pequeninas.

Se procuras neste mundo
A luz de valor mais raro,
Caleja as mãos trabalhando
E aprende a pagar mais caro.

Entre um monte de ouro puro
E meio quilo de pão,
A fome, que é verdadeira,
Não padece indecisão.

Não te agastes, vida afora,
Seja a quem for, faze o bem.
Cada tonel do caminho
Somente dá do que tem.

Seja teu verbo na vida
Bem sentido, bem pensado,
Quem dorme, acusando os outros,
Desperta caluniado.

Administras? Diriges?
Sê claro, justo, fiel...
O juiz muito piedoso
Faz o povo mais cruel.

Cuidado, se peregrinas
A beber e pandegar.
O copo afoga mais gente
Que toda a extensão do mar.

Há muita boca que fala
E muita língua que exorta,
Mas à Casa do Serviço
Quase ninguém chega à porta.

Por mais negra seja a hora,
Continua calmo e crente.
Não há guerra ou tempestade
Que durem eternamente.

Trabalho, estudo, oração,
Preguiça, paixão e vinho,
São processos diferentes
Que mudam qualquer caminho.

20

Sementes do caminho

Tem cuidado, estrada afora,
Sofrendo, sorrindo, amando...
Enquanto a galinha dorme,
A raposa está velando.

Entre as maldades da Terra,
Não te percas, meu amigo;
Se fores ver algum lobo,
Conduze algum cão contigo.

Vigia sobre ti mesmo
Se queres a própria cura,
Que os erros da Medicina
Não saem da sepultura.

Não te afastes do equilíbrio:
Sobriedade nunca é pouca.
Quando é fácil a receita,
A despesa é sempre louca.

Em teus hábitos no mundo,
Não permaneças dormindo.
A loucura inventa as modas
E a tolice vai seguindo.

Se um dia fores bigorna,
Seja a calma o teu segredo;
Mas quando fores martelo,
Rebate forte e sem medo.

Teme apenas a ti mesmo
Na esfera de teu dever.
Quem se amedronta consigo
Nada mais tem a temer.

Fala pouco e pensa muito.
Não gastes verbo ilusório.
De palavras em palavras,
Caímos no purgatório.

Procura a simplicidade,
Não gabes a própria sorte;
Por enquanto, não chegaste
À grave questão da morte.

Buscas a paz do infinito
E a claridade sem véu?
Trabalha e auxilia o mundo,
Guardando a visão do céu.

21

Sentenças de todos

Quem não sabe refletir,
Nem sofrer, nem tolerar,
Jamais chega a discernir,
Nem sabe administrar.

Ouvimos de muita gente,
De fraco e de forte siso,
Muita queixa da memória,
Mas nenhuma do juízo.

Quem pretende algo de bom,
Pelas estradas da vida,
Examine, de hora em hora,
O peso, o tempo e a medida.

Os médicos deste mundo
Remediam cutiladas,
Mas não curam as feridas
De frases precipitadas.

Mal de ti nas alegrias,
Se te ris em catadupa!...
O prazer anda a cavalo
E leva a dor à garupa.

Foge à língua viperina!...
Para o extermínio sem dó,
Contra o esforço de milhões,
Basta a maldade de um só.

Quem se abstém, por vergonha,
De suar em seu dever,
Abstenha-se, igualmente,
De vestir e de comer.

Há muita gente que estima
O culto à legislação,
Para ver o melhor meio
De fugir à obrigação.

Vai devagar, mundo afora,
Foge ao vício de ir e vir.
Mais vale ser alpercata
Que ser coroa a cair.

Quem sabe viver na Terra
Na bênção do pouco em paz,
Muito serve em cada dia,
Muito ganha e muito faz.

22

Provérbios

Se desejas surpreender
A luz, a beleza e a paz,
Guarda o silêncio da língua
E muito perceberás.

Sê valoroso no esforço
Pela fé que te ilumina.
No mármore embrutecido
Repousa a estátua divina.

Se vives rogando à vida
Para que o ouro te ajude,
Não olvides que a riqueza
É a tentação da virtude.

Cresceste à frente do mundo?
Que a tua boca se cale.
A montanha, por mais nobre,
Tem alicerces no vale.

Quando julgares alguém
Na luta que te reclama,
Recorda que o lótus lindo
Vive puro sobre a lama.

Se temes pardais e vermes,
Ventania, pedra e bruma,
Não arredes pé de casa,
Nem semeies coisa alguma.

Por roupas e exibições,
Não alongues teu capricho.
Depois do fausto, há museus
E o luxo procura o lixo.

23

Gotas

Insultos, provocações,
Não retenhas na memória.
A inveja é sempre um tributo
Que a mesquinhez rende à glória.

Não te esqueças da bondade
No trato com toda a gente.
É tão difícil ser justo
Que mais vale ser clemente.

Quando estamos dominados
Pelo egoísmo vibrante,
O mal alheio é um cabelo
E o nosso é sempre um gigante.

Humilhações do caminho
São golpes e ulcerações.
Mas quem humilha a si mesmo
Recolhe grandes lições.

Realmente, somos donos
Dos olhos, dos pés, dos braços,
Mas Deus é sempre o Senhor
Da força de nossos passos.

A riqueza que garante
Bondade, paz e alegria,
Caminha por toda a parte
Como o Sol que se irradia.

Foge à sombra da tristeza
E ao gelo do desengano.
Amargura dentro da alma
É como a traça no pano.

Alma grande consagrada
À virtude meritória
Converte todo fracasso
Em plantação de vitória.

A luz só encontra a luz
No brilho do próprio seio.
Quem muitas nódoas possui
Vê nódoas no rosto alheio.

Miséria parada e escura
É sempre triste labéu,
Mas pobreza que trabalha
É condução para o Céu.

24

Ilações

Inicia o teu trabalho,
Rendendo-lhe santo apreço.
Não há fim vitorioso
Onde não há bom começo.

Quem te leva à tempestade
Inclina-te ao desabrigo.
Quem te afasta do perdão
Não pode ser teu amigo.

O pobre rixoso e mau,
Soberbo, rude e violento,
É muito pior que o rico
Que se fez duro e avarento.

Quem constrói, quem cose e lava,
Quem ara, quem planta e fia
Estende os clarões do Céu
No campo de cada dia.

Eleva-te, pouco a pouco,
Para o cimo da montanha.
Muita vez, quem mais abarca
É aquele que menos ganha.

Conta bastante contigo.
Certas graças e favores
Começam com riso e festa
E acabam em grandes dores.

Não teimes ante a bondade.
Serve, ampara e renuncia...
A cabeça muito dura
Quase sempre está vazia.

Não te aflijas. Sobre a Terra
Onde tudo surge e passa,
Não há gozo sem limite,
Nem há sombra sem fumaça.

Nos pareceres dos outros
Nem sempre há muita valia.
Há sarcasmo que te exalta
E há louvor que te injuria.

25

Pétalas

Para anular tentações
Com ânimo sempre ativo,
O trabalho infatigável
É o melhor preservativo.

Embora a luta te esmague,
Cumpre sempre o teu dever;
O verdadeiro valor
Consiste em saber sofrer.

Não menoscabes servir
E nem repouses na estrada.
O tédio é sempre o infortúnio
De gente desocupada.

Vence em ti, contigo mesmo,
Na escola do sacrifício.
Muita vez, o herói da praça
É servo do próprio vício.

Procura no amor fraterno
Teu caminho abençoado.
Quem dorme acusando os outros
Acorda menos prezado.

A palavra generosa,
Doce, calma e compassiva,
Cai no deserto das almas
Como gota de água-viva.

Se desejas estender
A glória do bem real,
Começa, agora e aqui mesmo,
Fugindo de todo mal.

Que o pranto das grandes mágoas
Não te faça esmorecer,
Olhos que nunca choraram
Raramente sabem ver.

Se estiveres fatigado,
De corpo fraco e enfermiço,
Medita sobre o descanso,
Mas não deixes teu serviço.

Não critiques, nem acuses
As faltas de teu irmão.
Mais tarde, atravessarás
Teus dias de provação.

26

Palhetas

Sê calmo, por mais que a dor
Surja negra, triste e má.
Ninguém sabe o rumo certo
Do minuto que virá.

Trabalhe incessantemente
Quem busque ventura e paz.
Se a preguiça segue à frente,
A miséria surge atrás.

Em teus modos e costumes
Sê generoso e conciso.
Maus modos, em qualquer parte,
São fontes de prejuízo.

Constrói sobre a retidão
A tua felicidade.
Abismos chamam abismos,
Bondade chama bondade.

Há dois males que nos fazem
A vida escura e enfermiça:
A chaga da ignorância
E a ulceração da preguiça.

A queixa de todo instante
É lagarto triste e feio
Que afasta de nossa luta
A bênção do amparo alheio.

Não menoscabes o ensejo
De servir e de aprender.
Todo minuto é momento
De dar ou de receber.

Jamais te esqueças na vida
Deste aforismo profundo:
"Quem é bom dentro de casa,
É bom para todo o mundo."

Quem sabe sacrificar-se
Numa questão pequenina,
Revela trazer consigo
A força da Luz Divina.

Em tua missão no bem,
Sê diligente e tenaz.
Nada se deve no mundo
Àquele que nada faz.

27

Aforismos

Desgostos, chagas e angústias,
Martírio rude e violento,
São rebolos invisíveis
De santo aprimoramento.

Ser rico e ser justiceiro
Na virtude sem disfarce,
É como viver no fogo,
Respirando sem queimar-se.

Dois apoios precisamos
Na jornada de ascensão:
A lanterna da bondade
E o trilho da retidão.

Cumpre o dever que te assiste,
Servindo, ditoso e crente.
Da consciência tranquila
Nasce a calma permanente.

Aprende, ensina e esclarece.
Trabalha, ajuda e auxilia.
Não há maior desventura
Que a da existência vazia.

Não tomes por humildade
A vileza fraca e nula.
A humildade serve sempre,
Mas a vileza bajula.

Faze o bem ainda que o bem
Não seja bem que te agrade.
Resume-se a fé cristã
Na palavra — caridade.

Que lisonja por mais linda
Não te seduza o interesse.
O mérito é como a luz —
Por si mesmo resplandece.

Cultiva o bem, sem cessar,
Ao longo de teu caminho.
Terra boa, desprezada,
É mãe do mato escarninho.

Nas lições da vida inteira,
Sê firme, animado e forte.
Quem desiste de aprender
Começa a buscar a morte.

28

Seixos

Acorda, vigia e escuta
Na senda que te esclarece.
No conselho da raposa
Toda galinha padece.

Se a maldade te apedreja,
Serve ao bem com fé mais rica.
Quem nada faz neste mundo
É sempre quem mais critica.

Na rota de teu dever,
Vive sem mágoa e sem medo.
Quem se deita perde o tempo.
Quem se rala morre cedo.

A vida é o grande oceano,
Nosso corpo é embarcação...
A morte será o porto,
Conforme a navegação.

Seja a tua paciência
Qual fonte que não se esgota.
Arrojo sem disciplina
É trilho para a derrota.

Se queres a independência
Não vivas muito à vontade,
Da escravidão no dever,
Nasce a grande liberdade.

A discórdia por mais leve
Tem sempre um sabor amargo.
Em todo sinal de guerra,
O inferno fica mais largo.

Em qualquer dificuldade,
Não fujas à cortesia,
Mais vale negar com graça
Que ceder com grosseria.

Se ajudas, ampara logo
Sem pergunta ou desavença.
Caridade verdadeira
Nunca pede recompensa.

Se desejas evitar
Angústias e cicatrizes,
Nunca digas o que sabes
Sem saberes o que dizes.

29

Lembranças

Procura com o teu suor
O pão, a veste e o abrigo.
Todo homem preguiçoso
É sempre o irmão do mendigo.

Penetra a realidade
Cada dia, cada instante.
Um desengano oportuno
É benefício importante.

Nunca te esqueças na luta,
Se o mal te punge e ameaça,
Que o coração bom e puro
É sempre a melhor couraça.

Guarda prudência ao lenir
As chagas de teu irmão.
O reconforto indiscreto
Irrita a grande aflição.

Sê bondoso para todos.
Qualquer ajuda é valia
Conquistando em teu favor
A graça da simpatia.

Entre as víboras da astúcia
Não te deixes enganar.
Consciência que se vende
Não vale a pena comprar.

Se vives de mente em fogo,
Perguntando, perguntando...
Perdoa, ajuda e esclarece
E viverás acertando.

Para o despeito infeliz
— Triste monstro envenenado —
Toda alegria é doença,
Todo êxito é pecado.

Não te afastes da amargura.
Toda fuga é imprópria e vã.
A luta guardada hoje
É triste guerra amanhã.

30

Recados

Evita, em qualquer lugar,
O gesto escuro ou violento.
Mais vale simples cautela
Que nobre arrependimento.

Aceita a lição terrestre
De alma simples, calma e boa.
Se não perdoas ao mundo,
O mundo não te perdoa.

Procura formar amigos
Com teus valores cristãos.
O destino faz parentes,
A bondade faz irmãos.

Por golpes de mau amigo,
Por injúrias de um vizinho,
Não alteres teus projetos,
Nem perturbes teu caminho.

Tudo vai bem se o trabalho
Força é de tua escolta.
Não te esqueças que o minuto
É bênção que nunca volta.

Onde estiveres, educa
Com bondade natural.
A ignorância do bem
É causa de todo o mal.

Diminui as ambições
E terás poucos pesares.
Serás tanto mais feliz
Quanto menos desejares.

Quem simplesmente obedece
Ganha a paga transitória.
Quem faz além do dever
Recebe a láurea da glória.

Rende culto à gentileza
Sempre viva e mais extensa.
Um pequenino favor
Traz olvido à grande ofensa.

Nunca te afastes do bem,
Que é base da Lei Divina.
O desejo é sempre nosso,
Mas Deus é quem determina.

31

Arabescos

Embora a crítica azeda,
Atende ao dever cristão.
A inveja combate sempre
O esforço da elevação.

Ilumina a própria senda,
Faze-te sábio e melhor.
De todos os males juntos
A ignorância é o maior.

A fortuna, muitas vezes,
É neblina deletéria.
A riqueza sem virtude
É mais triste que a miséria.

Não te esqueças da verdade,
Recorda que para a morte
Não vale bolsa repleta,
Nem existe casa-forte.

Trabalha, constantemente,
Firme e fiel ao teu posto.
Descanso desnecessário
É plantação de desgosto.

Ao despeito envenenado
A retidão não se rende.
De pessoa desbriada
O insulto não ofende.

Dos vermes de ruína e morte,
Que atacam o fruto e a flor,
O mais cruel é a preguiça
Que mora no lavrador.

Respeita a moderação.
Quem com pouco se compraz,
Entre as bênçãos da alegria,
Serve muito e vive em paz.

32

Pingos

O favor de agora cresce
Na direção do porvir.
Ajuda espontaneamente
E obterás sem pedir.

Em teu combate no bem,
Se desejares vencer,
Aprende resignado
A tolerar e a sofrer.

No roteiro para os cimos
Olvida as pedras e avança...
A beleza do triunfo
Está na perseverança.

Não abandones teus livros,
Não te canses de estudar.
A educação é tesouro
Que ninguém pode roubar.

Perdoa a ofensa da estrada.
Mais vale a tua agonia
Que a miséria dolorosa
Daquele que te injuria.

A calúnia quando escreve
Sofre a treva que a reclama,
Vertendo pelo alfabeto
Fumo e cinza, lodo e lama.

Ajuda a mão que te fere...
No bem reside a vitória.
A inveja é sempre o tributo
Que o despeito rende à glória.

33

Fragmentos

Pouca fartura não mata.
Frugalidade é dever.
Por um que morre de sede,
Morrem cem mil de beber.

Se queres um servidor
Que não te acompanhe a esmo,
Serve a todos com bondade
E servirás a ti mesmo.

Muitas perguntas e exames
Quase sempre são a grade
Que impede a glória sublime
Dos voos da caridade.

Muito pobre, ao receber
A fortuna transitória,
Enfeita o bolso e a cabeça
E logo perde a memória.

Por gritos da ignorância
Não vivas de alma enfermiça.
A selvagem voz do burro
Não sai da cavalariça.

Não te queixes contra o tempo
Que a luta no bem te cobra.
Quem aproveita o minuto
Encontra tempo de sobra.

Não faças em tua vida
A estranha repetição
Daquilo que não te agrada
Na vida de teu irmão.

34

Apartes

Não olvides que o silêncio
Vitória e virtude encerra.
Vencer sobre a própria língua
É mais que vencer a guerra.

Aprende a buscar proveito
Nas sombras de tua dor.
Muita vez, do esterco imundo
A planta retira a flor.

Mal vais se a louca ambição
É o gênio com que te isolas.
Quem muito estima a demanda
Acaba pedindo esmolas.

Esforça-te a prol do bem
E terás horas tranquilas.
O Senhor espalha as nozes
Mas o homem deve abri-las.

Nossa vida deve ser
Fonte cantando à bondade.
Água estanque e sem proveito
É cofre de enfermidade.

Trabalha constantemente
Se procuras luz e paz.
O tédio é a chaga invisível
Daquele que nada faz.

Voa o tempo como o vento,
Dia a dia, hora por hora.
Se queres felicidade,
Faze o bem, aqui e agora.

35

Nótulas

Se o trabalho dá prazer,
Se a tarefa é nobre e amiga,
Vivemos em paz conosco,
Sem tristeza e sem fadiga.

A cólera, em toda parte,
É fogo escuro e violento
Que se dispõe à loucura
E encontra o arrependimento.

Simplifica quanto possas
A própria alimentação.
A cozinha requintada
Conduz à medicação.

Não te refiras a trevas
No teu dia claro e lindo.
Não despertes a "má sorte",
Se a "má sorte" está dormindo.

Nunca serás vencedor
Entre balas e punhais.
Quem domina a própria ira
É o maior dos generais.

Não te rebeles na vida.
Cumpre, calmo, o teu dever.
Nas simples horas de um dia,
Tudo pode acontecer.

Nos trilhos do bem, não chores
Se segues caluniado...
Na Terra, há muito desprezo
Que traz honra ao desprezado.

36

Rimas

Ante as pedradas da ofensa,
Toda virtude real
Desagrava-se, buscando
O esquecimento do mal.

Cabeça que não se nutre,
Nas águas do coração,
Mais cedo encontra o deserto
Da secura e da aflição.

Se desejas aprender
Para servir e ensinar,
Abre os livros, cada dia,
Estuda mais devagar.

Somente amamos na Terra
A verdade nobre e rica,
Quando essa mesma verdade
Não nos fere ou prejudica.

Ao chicote da maldade
Que te lacera ou desgosta,
Não te esqueças que o silêncio
É sempre a melhor resposta.

A félea desilusão,
Muita vez, é a casa escura
Em que vamos encontrar
A verdadeira ventura.

Embora a dor, guarda o bem
Por teu nobre e santo escudo.
O tempo é o mago divino
Que cobre e descobre tudo.

37

Comentários

O serviço e a diligência,
Na inspiração da bondade,
São as bases da alegria
E os pais da prosperidade.

Evita o rosto agradável
De sorrisos escarninhos,
Cuja boca vive cheia
De pedras, cobras e espinhos.

Quem muito estima a ironia,
Ferindo e insultando a esmo,
Acaba desrespeitado,
No menosprezo a si mesmo.

Escuta, calmo, os conselhos
Dos irmãos mais exigentes.
O dentista mais exímio
Não trata dos próprios dentes.

Em teu reconforto, ampara
Quem segue na senda estreita.
No mundo, às portas da festa,
A provação vive à espreita.

Não zombes de quem padece.
Não te canses de ajudar.
Sob as névoas do futuro,
Vem teu dia de chorar.

A nossa felicidade
É qual milagrosa estrela...
Brilha sempre ao nosso lado,
Mas nunca sabemos vê-la.

38

Confraternização

Quem luta e confraterniza
Entrega-se, com fervor,
Cada dia, cada hora,
À sementeira do amor.

Procura, acima de tudo,
A força da simpatia,
Gerando fraternidade
Pelas bênçãos da alegria.

E aquele que busca irmãos,
No entendimento em Jesus,
Conservará, sempre aceso,
O dom da divina luz.

Negando sempre a si mesmo
De alma voltada ao porvir,
Disputa, desassombrado,
O galardão de servir!

Perdoa setenta vezes
Sete vezes, cada ofensa,
Plantando a fraternidade
E agindo sem recompensa.

Ora por todos aqueles
Que o caluniam na estrada;
Recebe, por benefícios,
A dor, o espinho, a pedrada...

Ajuda sem distinção,
Não se afasta de ninguém.
É grande sem perceber,
Na glória do eterno bem.

Evita o próprio destaque,
Mas considera, contente,
O valor de cada esforço,
No esforço de toda gente.

Não se agasta, não se irrita
E, no roteiro cristão,
Estende, sem descansar,
A luz e a cooperação.

Não se limita a ensinar,
Exemplifica e executa
E encontra, por toda parte,
Irmãos de esperança e luta.

Descobre na própria vida
O sublime aprendizado
Em que lhe cabe atender
Ao Mestre crucificado.

Irmãos, não vos esqueçais!
Toda fraternização
Começa com Jesus Cristo
Reinando no coração.

39

Aviso fraternal

Meu irmão, se tu já sabes
Que a vida nunca termina,
Renova-te, enquanto é tempo,
À bênção da Luz Divina.

Ninguém renasce na Terra
Para dar-se ao gozo vão.
Mas para multiplicar-se
Em obra de perfeição.

Aquele que foge à luta,
Temendo a infelicidade,
Despreza, sem perceber,
O dom da oportunidade.

A dor, o charco, o espinheiro,
O dissabor e a ferida
Expressam, em toda parte,
Sagradas lições da vida.

Os desafios da sorte
E as dolorosas contendas
Trazem sempre ao nosso meio
Avisos e corrigendas.

Nas flores envenenadas,
No afeto que desilude,
Podemos consolidar
A plantação da virtude.

Junto à boca enegrecida
Que nos condena ou magoa,
Seremos iluminados
Na glória de quem perdoa.

Na cruz de sarcasmo e fel,
De desencanto e aflição,
Ditosos encontraremos
A paz e a ressurreição.

Melhora-te, pois, e esquece
A senda resvaladiça.
Ninguém escapa ao rigor
Dos tribunais de justiça.

40

Mensagem de vigilância

Se buscas em tua fé
Roteiros de paz e luz,
Afeiçoa a própria vida
Às instruções de Jesus.

Não vale apenas saber.
O aprendizado cristão
Reclama de todos nós
Esforço e edificação.

Palavras, prantos, discursos,
Merecem todo o respeito,
Mas são zero se lhes falta
Caminho nobre e direito.

Muitos sabem todo o texto
Que a Santa Escritura encerra,
Mas vivem segundo a carne,
Colados ao pó da terra.

Notamos por toda a parte,
Nos templos do mundo inteiro,
Grandes lobos que se ocultam
Em fina lã de cordeiro.

Há serpes ao pé do altar
De mente escura e cruel,
Raposas que dão balidos
Gemendo com voz de mel.

Há vasos alabastrinos
Conservando essência impura.
E há venenos escondidos
Em cálices de ternura.

São almas que a sombra envolve
Em que a mentira faz centro.
Revelam flores por fora
Guardando abismos por dentro.

As teorias sem fatos
Ao povo faminto em prece
São promessas enganosas
De pão que desaparece.

Todos temos fantasias
De Caim, Judas, Pilatos,
Mas nunca seremos livres
Sem Jesus em nossos atos.

Façamos, pois, cada dia,
Bendita e nova cruzada,
Oferecendo ao Senhor
Nossa vida transformada.

Sem Cristo no pensamento,
Sem Evangelho na ação,
Jamais veremos na Terra
O dia da redenção.

41

No santuário interior

Meu Senhor, Pai de bondade,
De luz e de amor sem-fim,
Não me abandones à treva
Que trago dentro de mim.

Não me deixes repousar
No leito em flor da ilusão,
Dá-me a bênção luminosa
De tua repreensão.

De espírito encarcerado
Nos débitos que inventei,
Tenho sede do equilíbrio
Que nasce de tua lei.

Controla-me a aspiração
De ganhar e possuir,
Sou teimoso e invigilante,
Ensina-me a discernir.

Entrecruzam-se, em meu peito,
Divergências, dissensões...
Não me relegues ao jugo
De minhas imperfeições.

A chaga alheia, Senhor,
Sei curar, lenir ou ver,
Mas sou tardo de visão
Na esfera de meu dever.

Sou ágil no bom conselho
Ao coração sofredor;
Todavia, surdo e cego,
Nos dias de minha dor.

Nas orações, quase sempre,
Sou cópia dos fariseus,
Sentindo-me, presunçoso,
Dileto entre os filhos teus.

Não escutes, Pai bondoso,
Os rogos e brados mil
Da ignorância que eu trago,
Vaidosa, bulhenta, hostil...

Não satisfaças, no mundo,
O orgulho atrevido e vão
Que me faz triste e abatido
Nos tempos de provação.

Põe freios duros e fortes
Ao meu serviço verbal,
Muita boca leviana
Tem dado guarida ao mal.

Meus sentidos, enganados,
Perturbam-me, muita vez.
Às emoções desvairadas,
Por compaixão, não me dês!

Que a tua vontade, enfim,
Pronta a prever e prover,
Seja em tudo e em toda a vida
A minha razão de ser.

Meu Senhor, Pai de bondade,
De luz e de amor sem-fim,
Não me abandones à treva
Que trago dentro de mim.

Produção Editorial:
Rosiane Dias Rodrigues

Capa:
Caroline Vasquez

Projeto Gráfico:
Fátima Agra

Normalização Técnica:
Biblioteca de Obras Raras e Documentos Patrimoniais do Livro

Esta edição foi impressa pela Edelbra Gráfica e Editora Ltda., Erechim, RS, com tiragem de 2,5 mil exemplares, todos em formato fechado de 140x210 mm e com mancha de 90x145 mm. Os papéis utilizados foram o Offset 75 g/m2 para o miolo e o Cartão Supremo 300 g/m2 para a capa. O texto principal foi composto em fonte Sabon LT Std Roman 12/14 e os títulos em Sabon LT Std Bold 18/16. Impresso no Brasil. *Presita en Brazilo.*